LES BELLIGÉRANTS.

NOTICE SUR LES FORCES MILITAIRES

de la France et de l'Allemagne.

ARLON.

IMPRIMERIE PONCIN, MARCHÉ-AUX-POMMES-DE-TERRE.

1870.

LES BELLIGÉRANTS.

La guerre de 1870 est peut-être la lutte la plus terrible qu'on ait encore vu depuis les temps les plus reculés.

Lorsque l'on songe à la force numérique des armées en présence, au perfectionnement apportés aux fusils comme à l'artillerie, en un mot à tout ce qui doit servir à détruire, on se demande si la victoire appartiendra au plus savant tacticien ou au plus habile mitrailleur? En effet, ces armes nouvelles, quelques-unes mêmes inconnues, produiront sans doute une effroyable boucherie; ce feu à jet continu, cette pluie de balles et de biscaïens causeront un véritable massacre. Mais dans ces malheureuses conditions, cette prépondérance de tir ne laissera-t-elle rien à la bravoure du soldat, au talent des généraux ? Certes répondre négativement serait se heurter contre toutes les règles de la stratégie.

Dans ce conflit sanglant dont l'issue aura une influence si grande sur la politique européenne, chacun fait des vœux pour l'un ou l'autre des combattants, tous déjà voudraient connaître le vainqueur. Si jamais dans une circonstance, il fut difficile d'être prophète, c'est bien dans celle-ci où de part et d'autre on voit force puissante, chefs ha-

biles, soldats valeureux. Cependant, malgré tant de simi-
litude entre les deux armées, il est un point fort important
qui les distingue : l'organisation des forces militaires des
deux peuples rivaux est tout-à-fait différente; si donc l'un
des belligérants possédait sous ce rapport une supériorité
marquée sur son adversaire, il pourrait compter sur une
chance certaine de succès.

Mais comment porter un jugement décisif sur une question parsemée de tant de détails dont quelques-uns pourraient aujourd'hui passer inaperçus, tandis qu'au jour du
combat les plus insignifiants ont quelquefois leur rôle? La
France sans doute, a fait depuis de longues années ses
preuves comme nation guerrière, cependant la nouvelle
organisation de 1868 n'a point encore reçu le baptême du
feu. D'un autre côté, la Prusse en 1866, a prouvé par des
succès éclatants, qu'il était possible de vaincre avec l'appui
de la landwehr ; il est vrai que la campagne a été fort
.courte; une plus longue durée n'aurait-elle pas amené un
résultat contraire ?

Il est de toute évidence que ce seront les événements
seuls qui permettront avec certitude de donner sous ce
rapport la préférence à l'un des deux rivaux; toutefois dès
aujourd'hui, il est possible à chacun d'examiner quelles
sont les chances de succès que possèdent l'un et l'autre
des belligérants : c'est pour rendre cette tâche plus facile
que nous avons cherché à résumer en quelques pages les
différents systèmes adoptés en France et en Allemagne
pour la constitution et l'organisation des forces militaires.

I. -- ALLEMAGNE.

I. Confédération du Nord.

La Confédération du Nord a été formée en 1866 par l'union des États de l'Allemagne septentrionale avec la Prusse agrandie par l'annexion du Hanovre, des duchés de Schleswig et de Holstein, de la Hesse électorale, du duché de Nassau et du territoire de la ville libre de Francfort-sur-Mein.

Elle se compose des 22 États suivants :

		Population.
1° Royaume de Prusse		24,043,902
2° — de Saxe.		2,423,586
3° Grand-duché de Mecklembourg-Schwérin.		560,618
4° — de Saxe-Weimar.		283,044
5° — de Mecklembourg-Strélitz. .		98,770
6° — d'Oldembourg.		315,622
7° Duché de Brunswick.		302,792
8° — de Saxe-Meiningen		180,335
9° — de Saxe-Altenbourg.		141,426
10° — de Saxe-Cobourg-Gotha		168,735
11° — d'Anhalt.		197,041
12° Principauté de Schwarzbourg-Rudolstadt		75,074
13° — de Schwarzbourg-Sonderhausen		67,454
14° — de Waldeck.		56,809
15° — de Reuss (ligne aînée) . . .		43,889
16° — de Reuss (ligne cadette) . .		88,097

17° Principauté de Schaumbourg-Lippe . .   31,186
18°   —   de Lippe-Detmold   111,352
19° Ville libre de Lubeck   48,538
20°   —   de Brême.   109,572
21°   —   de Hambourg   305,196
22° Province de la Hesse supérieure. . . .   257,479

Population totale. . .   29,910,517

Les victoires de la Prusse sur l'Autriche ont amené la formation de la Confédération du Nord ; il devait nécessairement en résulter que celle-ci hériterait de l'organisation militaire à laquelle elle était redevable de son existence. Pour connaître l'origine de cette organisation, il faut donc examiner les institutions militaires de la Prusse, qui sont aujourd'hui adoptées par l'Allemagne.

L'armée prussienne se recrute en vertu du principe de l'obligation personnelle du service militaire sans remplacement, substitution ni exonération, et par cela, tout homme apte à porter les armes doit servir successivement dans l'armée, dans la landwehr, puis dans la landsturm, sauf les exceptions indiquées par la loi. Tel est le système suivi aujourd'hui en Allemagne, par lequel tous les hommes valides sont appelés à la défense de la patrie, lorsqu'une armée étrangère envahit le territoire national.

Cette organisation toute particulière à la Prusse, est l'œuvre déjà ancienne d'un homme qui a voué son existence à l'indépendance de l'Allemagne. Après la paix de Tilsitt, une convention signée à Paris, entre Napoléon Ier et Frédéric-Guillaume, défendait à la Prusse, tombée de neuf millions d'habitants à quatre et demi, d'avoir une armée de plus de quarante-deux mille hommes. Ce fut alors que Scharnhorst, ce célèbre patriote, trouva moyen d'éluder cette condition humiliante et de préparer la nation à la revendication de son indépendance. Appelé à diriger l'administration militaire, il diminua dans une forte proportion les cadres des régiments et renvoya dans leurs foyers des milliers de sous-officiers et de soldats choisis parmi les plus instruits, sans leur donner un congé définitif; ainsi il faisait, le plus fréquemment possible, des vides dans les corps, vides qu'il comblait par des recrues, formant de cette manière, avec les soldats rentrés chez eux, une seconde armée plus nombreuse que la première.

La Prusse mit à profit cette prévoyance après la retraite de Russie, lorsque le 17 mars 1813, elle déclara la guerre à la France. En présence d'une lutte aussi formidable, l'armée seule ne suffisait pas, il était nécessaire d'appeler la nation entière à défendre ses droits. Scharnhorst, déjà auparavant, sous les yeux du roi Frédéric-Guillaume, avait élaboré les édits destinés à établir la landwehr, et cette idée avait fait son chemin; aussi, dès la retraite des Français, l'assemblée provinciale de Kœnigsberg décréta spontanément l'organisation de la landwehr et de la landsturm. Lorsque le souverain se mit à la tête des forces destinées à combattre Napoléon, son premier soin fut de rendre générales les dispositions de l'ordonnance provinciale prise cinq semaines auparavant, en promulguant les deux édits qui appelaient aux armes les hommes de dix-sept à quarante ans, pour former la landwehr, et ceux au-dessous de soixante ans, pour la landsturm. Ainsi, la Prusse disposa d'une force immense pour entamer la campagne de 1813., qu'illustrèrent les victoires de Groos-Beeren et de la Kaatsbach et pour faire invasion en France l'année suivante, avec les alliés. Cette organisation, dès son origine, a fait ses preuves tant sur le sol allemand qu'à l'étranger ; Leipsig et Waterloo la rendirent une institution nationale que consacrèrent définitivement la loi du 3 septembre 1814 et l'ordonnance du 21 novembre 1815.

Depuis cette époque jusqu'à la campagne du Schleswig en 1864, la Prusse ne figura dans aucune guerre importante, et par cela même, l'organisation militaire n'aurait subi aucune modification essentielle, si le prince régent, aujourd'hui le roi Guillaume, n'avait voulu, après la victoire de Solferino et la paix de Villafranca, rendre son pays assez fort pour chercher à conquérir la suprématie en Allemagne.

La réforme militaire de 1860 est un des évènements politiques les plus importants de l'histoire contemporaine tant par suite des luttes qu'elle a amenées au parlement de Berlin, que par les succès dont elle a été la cause pendant la campagne de 1866.

Antérieurement à 1860, l'armée prussienne se composait de 5 régiments de la garde, quatre à trois bataillons et un à deux bataillons, de 40 régiments d'infanterie de ligne, 32 à trois bataillons, et 8, dits de réserve, à deux bataillons, de 10 bataillons de chasseurs dont 2 de la garde, et de 8 bataillons de réserve destinés en cas de guerre à former un bataillon pour chacun des 32 régiments de ligne. L'infanterie était composée en tout de 144 bataillons actifs plus 232 bataillons de landwehr des 1er et 2e bans. La cavalerie comptait 6 régiments de la garde et 32 de la ligne, plus 34 régiments de la landwehr, tous à quatre escadrons. L'artillerie était formée de 9 régiments, un appartenant à la garde.

Lorsque l'armée était mobilisée, le premier ban de la landwehr était aussitôt appelé sous les armes et l'accompagnait sur le champ de bataille; le second ban n'était levé qu'après la déclaration de guerre, et, son rôle consistait à défendre le territoire à l'intérieur des frontières.

Le gouvernement présenta aux Chambres un projet destiné à modifier entièrement cet état de choses; en voici les principales dispositions :

La force armée repose sur l'obligation universelle du service militaire. Tout prussien depuis l'âge de 17 ans accomplis jusqu'à l'âge de 49 ans révolus, est obligé de concourir à la défense de la patrie.— La force armée se compose de l'armée, de la marine et de la landsturm.—L'armée se divise en armée active et en landwehr, la marine, en marine active et en seewehr (classes maritimes). La landsturm comprend tous les hommes obligés au service qui ne font point partie de l'armée ou de la marine. — L'obligation du service dans l'armée active et dans la marine active commence le 1er janvier de l'année dans laquelle les hommes appelés au service, ont accompli leur vingtième année d'âge. La durée de cette obligation est de huit ans, à compter du jour de l'entrée au service. — La landwehr et la seewehr sont destinées à seconder l'armée et la marine active. La landwehr n'est appelée en première ligne qu'à la défense du territoire à l'intérieur des frontières; toutefois elle peut être employée ainsi que la seewehr en temps de guerre, au delà des frontières. — L'entrée dans la landwehr suit la sortie de l'armée active ; il en est de même de la marine. La durée de l'obligation dans la landwehr et la seewehr est fixée à onze ans; cependant elle est abrégée pour ceux à l'égard desquels elle se prolongerait au delà de l'âge de trente-neuf ans. — Les hommes de la landwehr ou de la seewehr sont en congé à moins qu'ils ne soient appelés au service actif ou à des manœuvres. — Les hommes de l'armée et de la marine, en congé (réserve, landwehr, seewehr) resteront pendant la durée de leur congé sous le contrôle militaire qui toutefois ne doit pas les entraver dans le choix de leur domicile ou résidence à l'intérieur. — La landsturm ne se réunira qu'en vertu d'un ordre spécial dans le cas d'une invasion étrangère.

Ce projet reçut de la seconde chambre un accueil si peu sympathique que son insuccès ne laissait aucun doute ; cette assemblée, en effet, ayant toujours manifesté des tendances favorables au développement de la landwehr, et par conséquent à la diminution de l'effectif de l'armée active, devait certainement combattre une proposition amenant des résultats opposés. Le gouvernement avait cependant une ressource extrême pour faire prévaloir ses idées malgré même la volonté des représentants de la nation. En Prusse, les troupes jurent fidélité nniquement au roi et, par là, sont sous la dépendance directe du pouvoir exécutif qui préside à l'organisation des forces militaires et en a la direction, tandis que le pouvoir législatif n'a d'action réelle sur l'armée que par le vote du budget. En raison de cet état de choses, le cabinet prussien, après la clôture de la session, transforma, par ordonnance, les régiments formés du premier ban de landwehr à la suite de la mobilisation de l'année précédente, en régiments de ligne auxquels furent donnés les numéros 41 à 72 qui correspondaient ainsi aux 32 anciens régiments ; le 1er faisait brigade avec le 41e et ainsi de suite jusqu'au 32e. La garde fut augmentée de 4 régiments d'infanterie et de deux de cavalerie ; la cavalerie de la ligne, que la suppression de la cavalerie de landwehr projetée par le gouvernement devait encore rendre plus forte de huit régiments, reçut, en attendant, un accroissement semblable : 8 régiments formés, par exception alors, à 5 escadrons.

L'artillerie, au lieu de neuf régiments, fut organisée en neuf brigades composées chacune de deux régiments, l'un de campagne, l'autre de siége.

Par ces modifications apportées à l'ancienne composition de l'armée, la réforme se trouvait accomplie en fait, malgré l'opposition de la seconde chambre. En effet, les cadres étaient considérablement augmentés et par suite de l'admission dans l'armée active des hommes de 26 à 28 ans, la division de la landwehr en premier et deuxième ban était supprimée et les hommes de 29 à 32 ans, restant du premier ban, était réunis à ceux du deuxième ban pour former une landwehr non partagée.

Voici quel était le but et le résultat de cette réforme. L'effectif de paix de l'armée passait de 120,000 à plus de 200,000 hommes, et par la levée annuelle de 63,000 hommes au lieu de 40,000, l'armée proprement dite devenait plus forte en cas de mobilisation *(Kriegsbereitschaft)* qu'auparavant ne l'étaient dans le même cas l'armée et le preban de la landwehr.

Le comte de Bismark, entré au ministère après la présentation du projet de réforme, fut obligé de lutter avec une énergie sans pareille contre la seconde chambre pour maintenir l'organisation nouvelle que les députés combattaient en rejetant les budgets. Cette proposition amena une situation politique tellement grave que le cabinet eut recours à une espèce de dictature en suspendant momentanément l'action du pouvoir législatif dans la gestion des affaires publiques. Sadowa mit fin à tous ces dissentiments ; le succès ratifia l'œuvre du ministère, et la réforme acceptée par tous, fut même étendue aux troupes de la Confédération du Nord.

Cette campagne de 1866, si glorieuse pour la Prusse, mit en évidence toutes les ressources militaires dont pouvait disposer cet Etat ; tout le monde fut surpris de la rapidité avec laquelle les troupes furent mobilisées et du nombre considérable d'hommes réunis sous les drapeaux ; on se demandait comment la Prusse, moins populeuse que l'Autriche, pouvait lui opposer des forces égales si pas supérieures, tout en luttant aussi contre les Etats moyens de la Confédération Germanique ?

Sur une population de 19 millions d'habitants, la Prusse a mis sur pied un effectif de 650,000 hommes au moins, répartis sur le théâtre de la guerre en même temps que dans les places fortes, et ses ressources n'étaient point épuisées. Dès le principe, quatre armées comprenant 280 bataillons, 240 escadrons et 924 pièces d'artillerie, furent formées pour prendre l'offensive, trois contre l'Autriche et la quatrième contre la Bavière, le Hanovre et leurs alliés. Ces armées étaient composées: la première, des 2e, 3e et 4e corps avec un corps de réserve de cavalerie, la seconde (dite de Silésie) des 1er, 5e et 6e corps ainsi que de la garde ; la troisième (dite de l'Elbe) des 7e et 8e corps moins la 13e division et la 32e brigade qui formaient l'armée du Mein avec deux autres divisions d'infanterie tirées des places fédérales et des garnisons du Schleswig. Un corps de réserve ne comprenant que des troupes de la landwehr, était réuni à Berlin et pénétra plus tard en Bohême sans prendre part directement à la guerre.

Les armées dont il vient d'être question, comptaient dans leurs rangs 394,000 hommes ; en ajoutant à ce chiffre 123,000 hommes de troupes de dépôt, puis 170,000 hommes de landwehr, dont une partie a formé les quatrièmes bataillons, on arrivera au chiffre total de 687,000 hommes dont disposait la Prusse pendant la campagne de 1866.

Le traité de Prague termina cette guerre et laissa à la Prusse agrandie l'influence prépondérante en Allemagne, ce qui amena la constitution de la Confédération du Nord.

Il était indispensable dès le principe de s'occuper de l'organisation militaire de la Confédération qui pouvait être appelée dans un temps rapproché à défendre par les armes l'unité germanique, aussi la constitution fédérale établit-elle les bases de cette organisation.

Le général de Roon, ministre de la guerre, communiqua au parlement de la Confédération, lors de la discussion de la constitution fédérale, la note suivante destinée à faire connaître quelle serait la force de l'armée allemande :

» I. D'après le dernier recensement et d'après l'accroissement probable de la population, la Confédération du Nord comptera à peu près 30 millions d'âmes. L'effectif de paix fixé par l'article 60 à 1 0/0 de la population, sera donc environ de 300,000 hommes, dont 39,000 sous-officiers, mais non compris les 13,000 officiers.

„ II. Avec cette force totale, l'armée fédérale se composera de treize corps d'armée, y compris le corps formé par la garde prussienne. Chaque corps comprendra sur le pied de paix un commandement général, deux commandements de division, quatre de brigades d'infanterie, deux de brigades de cavalerie, un de brigade d'artillerie; neuf régiments d'infanterie à trois bataillons (57 officiers et 1,613 hommes par régiment), un bataillon de chasseurs (22 officiers, 534 hommes), six régiments de cavalerie à cinq escadrons (28 officiers et 712 hommes), un régiment d'artillerie de campagne (16 officiers d'état-major avec 57 hommes), douze batteries à pied (4 officiers et 110 hommes), quatre batteries à cheval (4 officiers et 91 hommes), un régiment d'artillerie de forteresse (13 officiers et 74 hommes d'état-major, 8 compagnies à 4 officiers et 100 hommes), un bataillon de pionniers (18 officiers et 518 hommes), un bataillon du train (12 officiers et 227 hommes).

„ *Observation* : *A*. La garde compte 2 régiments d'infanterie, 2 régiments de cavalerie et un commandement de division et de brigade de cavalerie de plus. Plusieurs régiments ont un effectif plus élevé. — *B*. Le royaume de Saxe forme un corps d'armée pour lui, le 12e. Il compte un bataillon de chasseurs de plus. — *C*. Les autres contingents seront à peu près, et sauf conventions ultérieures, répartis comme suit dans les corps prussiens : Anhalt, 4e corps (Saxe) ; Lippe et Waldeck, 7e corps (Westphalie) ; Mecklembourg, Oldembourg et villes hanséatiques, 9e corps (Schleswig-Holstein); Brunswick, 10e corps (Hanovre); les duchés saxons, 11e corps (Hesse-Nassau). Le contingent de la Hesse supérieure restera dans la division du grand-duché de Hesse.

« III Pour l'entretien de l'armée de terre, on demande pour l'effectif total, non compris les officiers et employés, 225 thalers par homme. Si on a accordé aux gouvernements de la division de réserve de l'ancienne armée fédérale des réductions sur la somme de 225 thalers par homme, on n'a pas l'intention, néanmoins, de couvrir autrement le déficit que produit cette réduction. Il en résultera seulement que certaines formations, notamment dans les armes spéciales, ne seront créées qu'aussitôt qu'on en aura les moyens par la cessation de ces réductions.

« IV. On soumettra à l'assemblée les comptes justificatifs de la moyenne demandée pour l'entretien de chaque homme. On fait néanmoins remarquer dès à présent que la différence entre la moyenne de 225 thalers et la moyenne résultant du dernier budget prussien, qui n'est que de 215 thalers, est motivée : 1° par un meilleur entretien des hommes que jusqu'ici ; 2° par une augmentation générale des indemnités de service et de quartier ; 3° par l'augmentation nécessaire des traitements des diverses classes d'officiers, des médecins militaires et de diverses classes d'employés. Ces dernières dépenses n'entraîneront cependant qu'une augmentation peu considérable.

« V. La dépense de 225 thalers par tête ne concerne que l'état ordinaire. Pour les dépenses extraordinaires, il serait difficile d'indiquer d'avance une somme totale, et on demandera à cet égard des crédits particuliers, suivant les besoins.

« VI. Le contingent annuel de l'armée de terre et de la marine formera un seul total. Ce total sera réparti entre les divers pays, de telle manière que ceux qui, d'après les occupations de la population fourniront plus d'hommes pour la marine, en fourniront moins pour l'armée de terre. D'ailleurs cela n'altérera en rien l'effectif de 1 p. c. de la population, puisque les hommes en moins que les Etats du littoral fourniront à l'armée de terre seront compensés par ceux que fourniront les pays de l'intérieur. »

Le parlement, après un examen sérieux, adopta le titre XI de la Constitution, relatif à l'organisation militaire, qui maintient le service obligatoire sans remplacement (art. 57) et fixe le temps de service dans l'armée permanente à sept ans à partir de 20 ans accomplis : trois ans sous les drapeaux et quatre ans dans la réserve, après quoi le soldat passe 5 années dans la landwehr. (Art. 59). Les articles 60 et suivants déterminent l'effectif de l'armée en temps de paix en raison de 1 % de la population, d'après le recensement de 1867, ainsi que la part de chaque Etat pour l'entretien de l'armée, contribution fixée à 225 thalers (843 fr. 75 c.) annuellement par soldat. Les dispositions suivantes mettent l'armée conférée sous l'autorité du roi de Prusse, qui prend le titre de chef de guerre fédéral et introduisent dans l'armée allemande l'organisation prussienne.

Le chef de guerre fédéral possède par la constitution un pouvoir très-étendu en ce sens que l'effectif de paix ainsi que la somme allouée pour chaque homme sous les armes sont fixés pour une période de cinq années, c'est-à-dire, jusqu'au 31 décembre 1871, sans que le pouvoir législatif ait à intervenir de nouveau ; le parlement n'a même aucun contrôle sur les dépenses militaires faites dans les limites de la constitution.

La loi sur l'organisation militaire votée le 19 octobre par la chambre et promulguée le 9 novembre 1867, compléta les dispositions précédentes en étendant à la Confédération, la législation prussienne sur cette matière, tout en y apportant cependant quelques modifications.

En vertu de cette loi, tout citoyen se doit à la défense du pays depuis l'âge de dix-sept ans jusqu'à quarante-deux ans sans pouvoir se dégager du service militaire par remplacement ou exonération. A l'âge de 20 ans tout homme apte à porter les armes est incorporé pendant trois ans dans l'armée active et ensuite quatre années dans la réserve. L'obligation du service est donc en principe générale et absolue ; cependant cette règle n'est pas sans exception. D'abord, les exemptions pour cause de maladie sont plus étendues que dans les autres pays ; par cela bien des miliciens restent dans leurs foyers sans participer à l'impôt du sang. D'un autre côté, il existe une institution propre à la Prusse et destinée à rendre les charges militaires moins lourdes pour les jeunes gens qui veulent suivre une carrière demandant de longues études. Tout sujet confédéré ayant dix-huit ans accomplis peut, en fournissant des preuves de capacité, entrer dans l'armée et obtenir sa libération au bout d'une année. Le *volontaire d'un an* doit s'habiller, se loger et se nourrir à ses frais ; son engagement ne peut être pris après le 1er février de l'année dans laquelle il aura accompli sa vingtième année et, pendant qu'il est sous les armes, il ne reçoit aucune solde. Quatre volontaires d'un an sont, au maximum, admis dans un bataillon ou un escadron.

Celui qui n'a pas voulu s'engager avant sa vingtième année, n'est pas pour cela certain de prendre les armes ; il peut encore éviter le service militaire si le sort le favorise. Chaque année, le chef de guerre fédéral fixe le chiffre du contingent de telle sorte que l'effectif de l'armée ne dépasse pas les limites déterminées par la Constitution. La moyenne des hommes valides aptes à porter les armes est annuellement de 125,000 et comme le contingent n'est que de 100,000 hommes, l'excédant se trouve, de fait, exempté du service. On a recours alors au tirage au sort.

Les hommes de cette catégorie font partie de la *réserve du recrutement (Ersatz-Reserve)*, institution particulière encore à la Prusse. Ils sont censés être entrés dans l'armée active bien que restant dans leurs foyers sous le contrôle des officiers de landwehr, mais en cas de guerre, un ordre du général suffit pour les obliger à joindre leurs corps. La plupart des cas d'exemption inscrits dans nos lois de milice sont indiqués par l'ordonnance du 9 décembre 1859 qui permet de placer les fils de veuve, les soutiens de famille, etc., dans cette réserve ; toutefois, ces derniers n'ont pas à solliciter cet avantage comme un droit, mais bien comme une faveur exceptionnelle dont l'usage ne doit en rien être contraire au principe de l'obligation générale du service.

Après les sept années de service dans l'armée active, le soldat entre dans la landwehr où il reste cinq ans, après quoi il passe, jusqu'à 42 ans, dans la landsturm.

L'organisation de la landwehr prussienne repose sur la division du territoire de l'Etat en districts de landwehr, dont auparavant chacun devait fournir, dans le cas de mobilisation, un bataillon de landwehr du 1er et du 2e ban et un escadron de landwehr. Dans chaque district, il y a un dépôt qui, en temps de paix, est chargé de faire tous les préparatifs de la formation de ces corps. En même temps, cette division sert au recrutement de l'armée permanente, à la répartition des invalides. etc.

Par suite de l'agrandissement de la Prusse et de l'extension de l'organisation militaire prussienne aux autres Etats de la Confédération du Nord, il est devenu nécessaire d'opérer des changements dans cette division. C'était l'occasion, en même temps, d'introduire diverses réformes utiles. Les traits essentiels de cette organisation terminée actuellement sont les suivants :

1° Pour chaque régiment d'infanterie de ligne, il y a un régiment de landwehr, à 2 bataillons, avec le même numéro et le même nom provincial. A chaque régiment de fusiliers répond un bataillon de réserve de la landwehr avec même numéro.

2° L'étendue des districts est réglée d'après la population, de telle manière que deux districts formant un régiment fourniront le dépôt; ainsi, en cas de mobilisation, les individus rentrent dans le corps où ils ont fait leur service actif.

3° On a tenu compte dans la division des différences d'accroissement de la population ;

4° On a fait concorder partout les limites des districts de bataillon et de compagnie de la landwehr avec les divisions administratives ;

5° Par suite, on a renoncé à diviser chaque district de bataillon en quatre districts de compagnie ; mais, suivant les besoins, on a formé dans chaque district de bataillon de trois à six districts de compagnie.

La loi de 1867 a donc changé le caractère qu'avait autrefois la landwehr. Par la suppression de la division en premier et deuxième ban, elle n'est employée que dans le cas ou le second ban avait à prendre les armes, et, au lieu de marcher au combat avec l'armée, elle laisse à cette dernière seule le devoir de lutter en rase campagne contre l'ennemi et n'intervient dans ce cas que par suite de nécessité. Les dernières classes de landwehr peuvent au besoin être rappelées dans l'armée active.

La landwehr ne ressemble en rien à la garde nationale. D'abord elle se compose d'hommes sortis du service militaire par conséquent habitués à la discipline, et, au lieu d'être une institution civile, elle reste sous la direction du ministre de la guerre qui veille à ce que ce corps soit toujours capable de se rendre utile. Les hommes de la landwehr sont soumis chaque année à diverses obligations, revues, manœuvres, etc., qui leur permettent en cas de guerre de former rapidement des régiments expérimentés et exercés ; il en résulte que ces troupes constituent une force considérable, moins solide il est vrai, que l'armée active, mais qn'on aurait tort malgré cela de dédaigner.

La landsturm ou levée en masse, comprend tous les hommes ayant moins de 42 ans, et qui ne font point partie de l'armée ou de la landwehr. Elle n'est appelée sous les armes qu'après la guerre déclarée, lorsque l'ennemi pénètre sur le territoire national. Depuis 1813, la landsturm n'a pas eu à combattre, il est donc peu probable qu'il soit possible de l'utiliser, cependant elle pourrait être employée dans les villes fortes et principalement dans celles le plus à l'abri d'une attaque, ce qui permettrait de disposer de la landwehr qui devrait sans cela y tenir garnison.

Après avoir voté la loi destinée à constituer l'armée fédérale, il était nécessaire de la mettre le plus vite possible à exécution, et ce n'était pas chose si simple de réunir en une seule unité les troupes de tants d'Etats différents, habituées pour la plupart à un système militaire tout autre. Pendant l'existence de la Confédération germanique, le Hanovre, la Saxe, ainsi que les autres principautés d'Allemagne avaient chacun une armée plus ou moins nombreuse dont ils réglaient l'organisation à leur gré sans avoir d'autre obligation que celle de fournir en cas de mobilisation, un nombre d'hommes déterminé par les lois fédérales. Aujourd'hni il n'en est plus de même; l'armée, sous la dépendance du chef de guerre, lui doit obéissance, et partout elle est assujettie au même système de recrutement ; les Etats n'ont à entrevenir que dans les dépenses, sans rien avoir à dire au sujet de l'effectif des troupes ou de leur armement; l'administration militaire est identique pour tous et dépend d'un seul chef, malgré l'indépendance de chacun des gouvernements confédérés.

Telle était la transformation à faire subir à l'organisation militaire de l'Allemagne pour constituer l'armée de la Confédération du Nord. Ce grand travail n'a demandé qu'un peu plus d'une année; cependant il a fallu former à nouveau 62 bataillons, 143 escadrons, 44 batteries, 14 compagnies d'artillerie de forteresse (dont 2 saxonnes), 3 bataillons et 3 compagnies de pionniers, 4 bataillons du train, enfin 49 nouvelles circonscriptions de la landwehr dans les pays annexés à la Prusse et les Etats fédéraux. On a dû aussi réorganiser 64 bataillons d'infanterie, 11 régiments de cavalerie et 27 batteries, et apprendre l'exercice complet à environ 30,000 anciens soldats des provinces annexées et à 42,000 hommes de la levée de 1866 et 1867.

Ce résultat si rapidement obtenu est dû principalement à l'organisation militaire territoriale originaire de la Prusse, organisation très-remarquable et qu'aucun Etat n'a appliquée ni même n'a jusqu'à présent tenté d'essayer en y introduisant des modifications.

Ce système consiste à diviser le pays en circonscriptions militaires correspondant aux divisions provinciales, et à donner à chaque province un corps de troupes recruté uniquement de ses habitants et possédant les éléments nécessaires pour constituer une petite armée. Tous ces corps étaient composés d'un même nombre de régiments qui tenaient garnison chez eux, aujourd'hui, la nouvelle organisation a un peu détruit cette régularité.

Dans la plupart des Etats, lorsqu'une guerre est entreprise, on réunit les régiments les plus proches pour en former des brigades et des divisions. En Prusse, il n'en est pas ainsi : sur le pied de paix, la province forme d'une manière permante un corps d'armée avec tous les chefs et tous le matériel nécessaires, et ces corps, ces divisions, et ces brigades portent des numéros d'ordre qu'ils ne quittent jamais; les régiments sont aussi numérotés de deux manières : en premier lieu, d'après leur rang dans la province, ensuite d'une manière générale pour toute l'armée.

L'effet de cette organisation est très-sensible lorsque la guerre entreprise est de trop peu d'importance pour demander l'intervention de toutes les forces du royaume. Dans ce cas, on ne mobilise que le nombre de corps nécessaire et les autres parties du pays jouissent de l'état de paix; c'est ainsi que lors de la lutte contre le Danemark, deux corps d'armée, le 3e et le 7e ont seuls été mis sur le pied de guerre, et par cela, le Brandebourg et la Westphalie ont seuls supporté les principales charges de cette campagne.

Avant le traité de Prague, la Prusse n'avait que huit corps d'armée, plus la garde recrutée dans tout le royaume; aujourd'hui, l'armée de la Confédération du Nord se compose de la garde prussienne et des douze corps suivants :

1re armée. — 1er corps (province de Prusse), 2e corps (Poméranie).

2e armée. — 3e corps (Brandebourg), 4e corps (province de Saxe, Anhalt, Thuringe).

3e armée. — 5e corps (Posen et Basse-Silésie), 6e corps (Silésie).

4e armée. — 7e corps (Westphalie), 8e corps (province rhénane, Hohenzollern et Mayence).

5e armée. — 9e corps (Schleswig-Holstein et Mecklembourg), 10e corps (Hanovre, Oldenbourg et Brunswick).

6e armée. — 11e corps (province de Hesse-Nassau, Grand-duché de Hesse), 12e corps (royaume de Saxe).

Chaque corps se compose de deux divisions, à l'exception du 11e corps qui en a trois. Dans le corps de la garde et dans le corps saxon, la cavalerie forme une division à part. Chaque division se compose de deux brigades d'infanterie et d'une brigade de cavalerie.

Chaque corps d'armée possède un bataillon de chasseurs à l'exception des 9e et 12e corps qui en ont deux et du 11e corps qui en a trois.

Le corps de la garde et les huit premiers corps d'armée possèdent une brigade d'artillerie chacun, les 9e 10e et 11e corps n'ont qu'un régiment d'artillerie. Chaque corps, a en outre, un bataillon de pionniers et du train.

Le contingent prussien de l'armée fédérale se compose de : 102 régiments d'infanterie, 12 bataillons de chasseurs, 65 régiments de cavalerie, 12 régiments d'artillerie de campagne, 9 régiments d'artillerie de siége, 12 bataillons de pionniers, 12 bataillons du train.

Toute l'armée de la Confédération du Nord de l'Allemagne

se compose de : 118 régiments d'infanterie ; 18 bataillons de chasseurs; 76 régiments de cavalerie, dont 10 régiments de cuirassiers , 26 de dragons , 17 de hussards , 21 de lanciers et 2 de chevau-légers ; 13 régiments d'artillerie de campagne; 10 régiments d'artillerie de siége; 13 bataillons de pionniers; 13 bataillons du train.

Chaque régiment d'infanterie est formé en temps de guerre de 3 bataillons à 4 compagnies comprenant 3029 hommes. Le bataillon de chasseurs a un effectif de 1,006 soldats. Le régiment de cavalerie comprend 5 escadrons dont un reste au dépôt pendant la campagne, l'effectif des quatre autres est de 606 chevaux. Le régiment d'artillerie de campagne compte trois divisions à pied et une division à cheval ; les 1re et 2e divisions ont chacune deux batteries de 12, une de 6 et une de 4 ; la 3e se compose de 2 batteries de 6 et de 2 de 4 ; la division à cheval compte 3 batteries en temps de paix ; elle est augmentée de 3 batteries au moment de la mobilisation. Chaque batterie compte 4 pièces sur pied de paix, 6 sur pied de guerre. Chaque régiment dans ce dernier cas comprend 18 batteries et 108 pièces. Le régiment d'artillerie de forteresse est formé de 4 divisions de 4 compagnies, chacune de 175 hommes. Le bataillon de génie (pionniers) a quatre compagnies et 606 hommes d'effectif.

Outre l'armée active, il faut encore compter les troupes de dépôt et celles de garnison. Les premières sont formées, lors de la mobilisation de l'armée, d'un bataillon pour chaque régiment d'infanterie, d'une compagnie pour chaque bataillon de chasseurs ou de pionniers, du 5e escadron de chaque régiment de cavalerie et de 4 batteries par chaque brigade d'artillerie, le tout faisant un ensemble de 180,672 hommes. Les troupes de garnison formées de la landwehr et des régiments d'artillerie de forteresse s'élèvent à 265,082 hommes.

La force de l'armée de la Confédération du Nord sur pied de guerre peut donc être évaluée de la manière suivante :

Armée active	511,826	sous-officiers et soldats.
Troupes de dépôt	180,672	—
Troupes de garnison	265,082	—
Total,	957,580	

Plus 20,000 officiers, gendarmes, etc., soit 977,580.

Le service dans la ligne et dans la landwehr étant de douze ans et chaque année la levée de 100,000 hommes, ce chiffre en tenant compte des pertes, ne paraît pas trop élevé, surtout si on considère quel était l'effectif de l'armée prussienne en 1866. A ce total il faut encore ajouter la landsturm bien difficile à évaluer mais qui pourrait être appelée sous les armes en cas de péril extrême; et en second lieu, les forces militaires des États de l'Allemagne du Sud alliés à la Confédération du Nord.

2. Allemagne du Sud.

BADE, BAVIÈRE, WURTEMBERG, HESSE-DARMSTADT.

Les quatre Etats du Sud de l'Allemagne faisaient partie de la Confédération germanique avant 1866, et devaient, en cas de guerre, fournir un contingent déterminé par les lois fédérales. L'armée de la Confédération germanique était composée de dix corps et d'une division de réserve dont l'effectif était fixé de la manière suivante :

Ier, IIe, IIIe corps. Autriche . . . . 173,841 h.

IVe, V^e, VIe »   Prusse. 147,170

VIIe »   Bavière 65,268

VIIIe »   Wurtemberg , Bade , Hesse-Darmstadt . . . 55,276

IXe "   Saxe-royale, Hesse-Electorale, Nassau, Limbourg Luxembourg. 42,110

X^e »   Hanovre , Brunswick , Holstein - Lauenbourg , Mecklembourg - Schwerin, Mecklembourg-Strélitz, Oldenbourg, Lubeck Brême, Hambourg . . 48,819

Division de réserve : Saxe-Weimar, Saxe-Cobourg-Gotha, Saxe-Meiningen, Saxe-Altenbourg

Anhalt , Schwarzbourg - Sonderhausen ,
Schwarzbourg-Rudolfstadt , Lichtenstein,
Waldeck, Reuss-Greitz, Reuss-Schleiz,
Schaumbourg - Lippe , Lippe - Detmold ,
Hesse-Hombourg, Francfort. . . . . . .　18,994 h.

Total. . .　551,478 h.

Ce total était un minimum obligatoire que chaque Etat pouvait augmenter dans la mesure de ses forces.

La Bavière formait à elle seule le VIIe corps d'armée qui devait être composé de 49,418 fantassins, 8,159 cavaliers, 6,766 artilleurs et 925 pionniers. D'après les statistiques militaires, ce royaume paraissait pouvoir disposer, en cas de guerre, d'une force beaucoup plus considérable, cependant, en 1866, cet effectif a été peu dépassé.

Le Wurtemberg, dont les troupes composaient la première division du VIIIe corps fédéral, devait avoir sous les armes 19,219 fantassins, 3,199 cavaliers, 2,790 artilleurs, 377 pionniers, en tout, 25,585 hommes. Le grand-duché de Bade, appelé à former la deuxième division, avait à fournir pour contingent 13,382 fantassins, 2,291 cavaliers, 2,477 artilleurs et 184 pionniers, c'est-à-dire, 18,334 hommes. La troisième division comprenait les troupes de Hesse-Darmstadt : 8,878 fantassins, 1,420 cavaliers, 946 artilleurs et 113 pionniers ; en tout, 11,357 hommes.

Comme la Bavière, ces trois États n'étaient point prêts lors de la déclaration de guerre de la Prusse et ils purent à peine fournir le contingent réglementaire. Les Prussiens du reste surent profiter des lenteurs qu'amenait un tel état de choses, et, avec trois divisions, ils parvinrent à battre successivement chacune des armées alliées et même à pénétrer fort avant sur le territoire ennemi.

La paix mit un terme à cette lutte et la Prusse conclut des traités à Berlin, le 13 août 1866, avec le Wurtemberg; le 17, avec le grand-duché de Bade; le 22, avec la Bavière; et le 3 septembre, avec le grand-duché de Hesse, par lesquels ces Etats reconnaissaient la dissolution de la Confédération germanique et faisaient alliance offensive et défensive avec la Prusse, en plaçant, pendant la guerre, leurs troupes sous le commandement du roi Guillaume. Ces traités, tenus secrets, ne furent publiés qu'en 1867, après l'affaire du Luxembourg.

Le traité de Prague, du 23 août, avait en quelque sorte constitué une Confédération du Sud de l'Allemagne par la réunion des quatre Etats méridionaux, mais politiquement cette combinaison n'a point encore été réalisée, elle n'a eu jusqu'à présent que des conséquences militaires fort importantes.

Par suite de la position particulière du grand-duché de Hesse, dont la moitié septentrionale fait partie de la Confédération du Nord, tandis que l'autre moitié en est dégagée; par suite aussi de l'alliance commune des quatre Etats méridionaux avec la Prusse, il était indispensable de modifier complétement l'organisation militaire de ces pays afin de l'assimiler au système prussien, tout en adoptant dans chacun des règles identiques pour pouvoir sans difficulté réunir en une seule armée les soldats de Bade, de Bavière, de Hesse et de Wurtemberg.

Dans ce but des conférences eurent lieu entre les envoyés de ces quatre États, et le 5 février 1867 le protocole suivant a été signé à Stuttgard :

» I. L'intérêt de la nation commande l'organisation des forces militaires afin d'arriver à une action commune qui puisse inspirer le respect à tous.

» II. Il y a lieu d'inviter les Chambres des quatre États à augmenter autant que possible leurs armements en appliquant les bases de l'organisation prussienne, afin qu'il y ait union de toute l'Allemagne pour sauvegarder l'intégrité de son territoire.

» III. Les principes communs seront les suivants :

» 1° Service militaire obligatoire pour tout homme capable de porter les armes, avec exclusion absolue de tout remplacement ou exonération ;

» 2° A vingt ans ou à vingt et un ans au plus tard, entrée au service, si l'on n'y est entré volontairement plus tôt ;

» 3° Après avoir porté pendant trois ans les armes, le soldat entre dans la réserve ; mais, en temps de guerre, il servira dans la ligne ;

« 4° L'armée de ligne et la réserve sont formées en se rapprochant de l'organisation prussienne, c'est-à-dire en prenant 2 p. c. de la population, 1 p. c. étant en moyenne sous les armes. Le minimum sera de 1/2 p. c. pour l'armée permanente, et 3/4 p. c. pour le service actif ;

« 5° Après le service obligatoire dans l'armée permanente, les soldats passeront dans la landwehr du premier ban (réserve). Ils seront assujettis à des exercices pendant la paix et au service ordinaire de l'armée pendant la guerre ;

« 6° A 32 ans au plus tard, l'obligation du service dans l armée active et la landwehr cesse ;

« 7° On ne s'occupe pas ici du second ban de la landwehr ni de la landsturm ;

« 8° On ne peut se marier ni émigrer pendant les trois ans de service actif ;

« 9° La loi pourvoira au maintien des cadres des sous-officiers.

« IV. L'action collective tant entre les quatre États qu'avec l'Allemagne entière sera assurée en divisant et en équipant les armées d'une façon identique.

« V. L'action collective sera facilité par les arrangements suivants :

« 1° Unité de tactique.

« *Infanterie* : bataillons de 1,000 hommes, divisés en quatre compagnies ;

« *Cavalerie* : régiments de cinq escadrons ;

« *Artilterie* : batteries de six canons.

« Les brigades et divisions seront formées selon la situation des quatre États. Autant que possible, on formera des corps d'armées de 30,000 à 45,000 hommes. A chaque bataillon d'infanterie correspondra un escadron de cavalerie. Pour 1,000 hommes d'infanterie et de cavalerie, il y aura trois canons ;

« 2° Unité de règlements.

« Les exercices devront être uniformes, notamment sur les points suivants :

« *a.* Commandements et signaux uniformes ;

« *b.* Unité pour le service de campagne.

« 3° Uniformité d'armement (armes et munitions).

« Comme le meilleur système d'armement à feu n'est pas

encore admis, et que les expériences continuent, ce point est réservé.

 » Mais l'accord existe déjà pour l'artillerie de campagne.

 « 4° Manœuvres communes.

 » Elles auront lieu le plus souvent possible, et des dispositions ultérieures seront prises à ce sujet.

 » 5° Instruction uniforme des officiers. Tout en tenant compte de la différence d'organisation des écoles militaires d'état-major, d'artillerie, du génie, de tir, etc., des arrangements communs seront arrêtés.

 » 6° A cet effet, une conférence militaire des quatre Etats s'assemblera à Munich le 1er octobre 1867 au plus tôt.

 » La commission de liquidation continuera ses travaux le plus tôt possible, afin qu'on puisse statuer sur le sort des forteresses d'Ulm et de Rastadt. »

Le protocole porte les signatures suivantes :

Bavière : le prince de Hohenlohe, ministre d'Etat pour les relations extérieures; le général baron de Pranck, ministre de la guerre.

Bade : M. de Freydorf, président du ministère des relations intérieures ; le lieutenant général Ludwig, président du ministère de la guerre.

Wurtemberg : baron de Varnbüler, ministre des relations extérieures; général de Hardegg, ministre de la guerre.

Hesse-Darmstadt : baron de Dalwigk, ministre des relations extérieures ; général-major de Grollman, directeur du département de la guerre.

Ce protocole servit de base à l'organisation des forces militaires des Etats de l'Allemagne du Sud et les lois qui la règlèrent en furent l'émanation.

Le Grand-Duché de Hesse que sa position mixte devait gêner, fut forcé de s'unir davantage à la Confédération du Nord; le 7 avril suivant, il conclut avec la Prusse une convention par laquelle toutes les troupes hessoises devaient, le 1er octobre suivant, faire partie d'un corps de l'armée confédérée de l'Allemagne du Nord. Elles forment la troisième division du XIe corps composée de 4 régiments d'infanterie, de deux bataillons de chasseurs, d'une brigade de cavalerie et de 6 batteries d'artillerie. L'effectif total est de 14,300 hommes de troupes actives, plus 4960 hommes de dépôt; ces troupes faisant partie de l'armée de la Confédération du Nord, ont déjà été comptées dans le total indiqué à la fin du chapitre précédent.

L'organisation militaire de l'armée bavaroise a été déterminée par la loi du 30 janvier 1868. Les forces militaires de ce royaume comprennent l'armée permanente et la landwehr; la durée du service est de 3 ans dans l'armée, 3 ans dans la réserve et 5 ans dans la landwehr; les Chambres, tous les deux ans, fixent le contingent, dont un tiers seulement doit être appelé sous les drapeaux, tandis que les deux autres tiers dits remplaçants, restent dans leurs foyers soumis à des exercices périodiques et susceptibles d'appel en cas de mobilisation. Selon le système prussien, le service est obligatoire pour tous sans remplacement, mais, pour rendre cette charge moins lourde, la loi autorise l'admission de volontaires d'un an.

Le grand-duché de Bade adopta une organisation analogue par la loi du 12 février 1868 sauf qu'au lieu de 3 ans dans la réserve, la durée du service y était de 4 ans. Le Wurtemberg ne tarda pas non plus à imiter ses deux alliés.

Par la nouvelle organisation, l'armée bavaroise comprend 16 régiments d'infanterie à 3 bataillons, 10 bataillons de chasseurs, 10 régiments de cavalerie à 5 escadrons, 4 batteries à cheval, 28 batteries montées et 20 batteries à pied, 4 escadrons du trains et 10 compagnies de génie. Les troupes de dépôt sont formées de 16 bataillons d'infanterie, 10 compagnies de chasseurs, 10 escadrons de cavalerie, 8 batteries d'artillerie et 2 compagnies de pionniers. L'effectif de la landwehr est de 22,000 hommes.

L'armée badoise se compose de 6 régiments d'infanterie à 3 bataillons, 3 régiments de cavalerie à 5 escadrons dont un de dépôt, 9 batteries d'artillerie et deux compagnies de pionniers. Les troupes de dépôt comprennent 6 bataillons 3 escadrons et deux batteries ; la landwehr, 10 bataillons d'infanterie et un escadron de cavalerie.

L'armée wurtembergeoise est formée de 8 régiments d'infanterie à 2 bataillons, 3 bataillons de chasseurs, 4 régiments de cavalerie, 9 batteries de campagne et 4 batteries de siége. Les troupes de dépôt s'élèvent à 5200 fantassins, 500 cavaliers, 400 artilleurs; la landwehr à 6000 hommes.

Les forces militaires de ces trois Etats forment un total de 180,000 hommes : 116,000 pour la Bavière, 35,000 pour le Wurtemberg, et 30,000 pour Bade. Leur armée active peut être évaluée à la moitié des chiffres précédents.

Il résulte de ces calculs que l'Allemagne pourra disposer dans cette guerre d'une force d'environ onze cent mille soldats, tant pour tenir la campagne que pour garder son territoire; mais dans ces évaluations on doit tenir compte des manquants, malades et autres pertes de ce genre, ce qui fait que l'effectif réel de présence sous les drapeaux est toujours moindre que celui indiqué sur le papier. Quoi qu'il en soit, jamais l'empire germanique n'a pu disposer d'une puissance militaire aussi considérable.

II. --- FRANCE.

L'organisation de l'armée française est beaucoup mieux connue que celle de l'armée prussienne, surtout en Belgique, où nos institutions militaires sont presque semblables à celles de la France; aussi ne sera-t-il pas nécessaire d'entrer dans de longs détails pour faire l'historique d'un système que les victoires de Napoléon Ier ont introduit dans la plus grande partie de l'Europe, et qui n'a guère, depuis cette époque, subi de modifications.

Antérieurement à la révolution de 1789, l'armée se recrutait par enrôlement au moyen de racoleurs qui cherchaient à obtenir des jeunes gens un engagement volontaire. En 1793, lorsque la France eut à résister à la coalition et fut obligée de créer quatorze armées pour défendre ses frontières, la levée en masse fournissait les hommes nécessaires à cet immense déploiement de forces. Ce ne fut que par la loi du 19 fructidor an VI (5 septembre 1798) que fut établie la conscription, basée sur les règles suivantes : « Tout français est soldat et se doit à la défense de la patrie. — Lorsque la patrie est déclarée en danger, tous les Français sont appelés à sa défense, suivant le mode que la loi détermine. — Hors ce cas, l'armée se forme par enrôlement volontaire et par la voie de conscription militaire, laquelle comprend tous les Français, depuis l'âge de 20 ans accomplis, jusqu'à celui de 25 ans révolus. »

L'article 12 de la charte de 1814 déclara la conscription abolie et la remplaça par des engagements volontaires. L'insuffisance de ce mode fut si vite constatée que le 10 mars 1815 on en revint à la conscription, mais seulement dans le cas ou les enrôlements volontaires ne seraient pas assez nombreux. La loi dite Gouvion-St-Cyr, maintint cet état de choses, seulement les faits eux-mêmes modifièrent cette disposition, car en moyenne, depuis 1818 jusqu'en 1832, il n'y eut pas plus de dix mille engagements annuels en temps de paix, ce qui obligea, chaque année, le gouvernement d'avoir recours à la conscription, qui devint ainsi une institution permanente.

La loi du 21 mars 1832, qui aujourd'hui régit encore en partie la matière, est venue déterminer les bases du recrutement de l'armée. A l'âge de 20 ans, tout Français doit le service militaire pendant sept années, à moins d'avoir à invoquer des motifs d'exemption ou d'exclusion indiqués par la loi. Chaque année, les Chambres fixent le chiffre du contingent, et les miliciens qui doivent en faire partie sont désignés par le tirage au sort; ces derniers toutefois ont le droit de se faire remplacer. Le contingent, à cette époque, était de 80,000 hommes, ce qui permettait en cas de guerre, de réunir sous les drapeaux environ 500,000 hommes.

En 1855, par la loi du 26 avril, de notables changements furent apportés à la constitution de l'armée. Le but du gouvernement était d'augmenter le nombre des anciens soldats en favorisant les rengagements. Pour y arriver, la loi supprima le remplacement auquel succéda l'exonération qui substituait l'Etat aux sociétés particulières ; des primes de rengagement furent établies, et une caisse de dotation fut fondée pour recevoir chaque année la somme fixée pour la libération du service militaire. Ces modifications ne reçurent pas un accueil favorable chez un grand nombre d'hommes compétents en cette matière, et l'expérience justifia ces critiques, car treize ans après, en 1868, on en revint à la loi de 1832.

Un décret ministériel du 10 janvier 1861 règlementa la réserve, jusqu'alors peu propre à rendre des services réels. En effet, cette partie de l'armée composée de jeunes gens astreints aux obligations du service, mais non incorporés, était peu susceptible d'être utilisée immédiatement par suite du manque de réunion et d'exercices ; le maréchal Randon prit les dispositions suivantes, dans le but de la fortifier, en développant dans de justes limites, son instruction militaire.

Les jeunes gens de chaque contingent, après avoir été inscrits pour servir dans le régiment pour lequel ils sont désignés, sont divisés en deux catégories, dont l'une est incorporée dans l'armée active, tandis que l'autre entre dans la réserve. Ces derniers retournent dans leurs foyers d'où, s'ils appartiennent à l'infanterie, ils doivent se rendre trois mois la première année, deux mois la seconde, un mois la troisième, dans les dépôts spéciaux créés dans chaque département, pour qu'ils y acquièrent les premières notions de l'instruction militaire. Ceux qui font partie de la cavalerie ou de l'artillerie, sont réunis au corps de leur arme le plus à proximité.

Les rapides succès obtenus par la Prusse, en 1866, poussèrent la France, comme toutes les autres nations, à augmenter ses ressources militaires; aussi le gouvernement se mit-il à étudier cette question d'une manière approfondie, et une commission, présidée par l'Empereur, et comprenant cinq ministres, les maréchaux, des généraux et des membres de l'intendance, fut chargée de préparer le plan d'une réforme des institutions militaires du pays. Le 10 décembre, le journal officiel donna connaissance du projet sur l'organisation de l'armée, élaboré par la commission.

D'après ce travail, le but vers lequel on devait diriger ses efforts consistait à former en France une armée de 800,000 hommes, soutenue par une réserve destinée à défendre les places fortes et à maintenir l'ordre à l'intérieur. En conséquence, le projet divisait l'armée en trois parties: 1° l'armée active composée des engagés et rengagés volontaires ainsi que des hommes du contingent de chaque année; 2° la réserve formée de tous les jeunes gens de la classe que le sort n'a pas désignés pour faire partie du contingent annuel, et divisée en deux parties égales déterminées par les numéros du tirage : *a)* la réserve du premier ban que le ministre de la guerre peut appeler même en temps de paix pour renforcer l'effectif des régiments ; *b)* la réserve du second ban qui ne peut être appelée qu'en temps de guerre et par un décret de l'Empereur. Les réserves sont exercées dans les dépôts départementaux. 3° La garde nationale mobile formée des soldats de l'armée active et de ceux de la réserve qui ont obtenu leur congé définitif ainsi que des exonérés. Le projet fixait le temps de service à six années dans l'armée active ou la réserve, et trois années dans la garde nationale mobile ; il maintenait l'éxonération en la limitant au nombre des rengagements, et il laissait exister la substitution conformément à la loi de 1832.

Ces modifications proposées à l'organisation militaire rencontrèrent dans le public un accueil si peu favorable, que le gouvernement se vit obligé de déclarer par la voie de la presse que ce projet n'avait rien de définitif. En effet, au mois de mars 1867, parurent les dispositions adoptées par le Conseil d'État qui furent soumises au Corps législatif et dans lesquelles divers changements avaient été introduits. Le service dans l'armée active était réduit de six à cinq ans , toutefois les jeunes gens n'en étaient pas moins astreints à servir pendant neuf ans: les uns cinq ans dans l'armée active et quatre ans dans la réserve; les autres cinq ans dans la réserve et quatre ans dans la garde nationale mobile. Un décret ministériel pouvait appeler la réserve à l'activité, tandis qu'il fallait une loi spéciale pour faire marcher la garde nationale mobile.

Le Corps législatif discuta cette loi à la fin de 1867 et il y introduisit diverses modifications qui la rendirent analogue à celle de 1832, à part deux points importants : la durée du service et l'institution de la garde nationale mobile.

Auparavant, la durée du service était de sept années ; cette loi, promulguée le 1er février 1868, l'étend de deux années ; ainsi le soldat passe cinq ans dans l'armée active et quatre dans la réserve. Tous ceux qui ne sont point compris dans le contingent annuel, font partie de la garde nationale mobile qui ne peut être employée au-delà des frontières ni appelée au service actif sans l'intervention des Chambres.

Dans ces conditions, et lorsque le temps aura donné à cette loi son plein effet, il résulte des débats qui ont eu lieu au parlement que l'armée française se composera, en raison d'une levée annuelle de 100,000 hommes, d'une force de 800,000 soldats, dont 400,000 dans l'armée active et 400,000 dans la réserve. En outre, il y aura à ajouter environ 500,000 gardes mobiles, ce qui formera un total de 1,300,000 soldats.

Après avoir passé en revue les différents modes d'organisation adoptés jusqu'à ce jour par l'armée française, nous devons aussi en examiner les effets quant à l'effectif et à la composition des troupes de cet empire.

Depuis 1815, la France a entrepris différentes guerres qui ont nécessité l'emploi de ses forces militaires, mais il n'en est que deux qui aient réclamé la mise sur pied de guerre de toute son armée. Après la Restauration, les Bourbons intervinrent en Espagne pour rétablir le trône de Ferdinand ; quelques divisions suffirent pour terminer rapidement ce conflit. La conquête de l'Algérie, commencée par Charles X, occupa une partie de l'armée pendant tout le règne de Louis-Philippe. Plus tard, les expéditions de Rome, de Chine et l'intervention au Mexique demandèrent successivement quelques troupes. Mais il n'y eut que les campagnes de Crimée et d'Italie qui obligèrent le gouvernement à mettre sur pied toutes les forces dont il pouvait disposer.

Pendant le siége de Sébastopol, l'armée française en Crimée était formée de quinze divisions comprenant 52 régiments d'infanterie, 10 de cavalerie et 12 bataillons de chasseurs. Le restant, demeuré en France, en Algérie et à Rome, permettait de conduire au feu un nombre de bataillons tout aussi considérable, si la guerre avait éclaté sur le Rhin.

En 1859, toutes les forces actives de l'empire furent concentrées sur différents points par la formation de quatre armées. L'armée d'Italie, la principale, formait six corps ou quinze divisions d'infanterie avec dix brigades de cavalerie, composées de 11 bataillons de chasseurs à pied, 63 régiments d'infanterie et 20 de cavalerie. L'armée de Paris était formée de quatre divisions d'infanterie et quatre divisions de cavalerie, c'est-à-dire 3 bataillons de chasseurs à pied, 16 régiments d'infanterie et 17 de cavalerie. L'armée d'observation, placée à Strasbourg pour surveiller l'Allemagne, comprenait aussi 4 divisions d'infanterie et

4 de cavalerie, en tout 4 bataillons de chasseurs, 16 régiments d'infanterie et 16 de cavalerie. L'armée de Lyon, moins considérable, était composée de 3 divisions d'infanterie et une de cavalerie, comptant un bataillon de chasseurs, 12 régiments d'infanterie et 4 de cavalerie. L'Algérie était occupée par 10 régiments d'infanterie et 10 de cavalerie; Rome, par une brigade: 2 régiments et un bataillon de chasseurs.

Il est difficile de fixer d'une manière exacte l'effectif réel de l'armée française sur pied de guerre, parce que d'abord les différents régiments d'infanterie n'ont pas le même nombre de bataillons ou de compagnies, nombre qui est en général modifié à l'occasion de la lutte, et qu'ensuite la création de corps provisoires ou nouveaux augmente nécessairement la quantité des troupes à mettre en ligne. Ainsi pendant la guerre de Crimée il a été formé : la garde impériale, une 2e légion étrangère, 3 régiments de turcos, un 4e bataillon aux régiments de ligne, 2 nouveaux bataillons de chasseurs, 2 nouveaux régiments de ligne, un 6e escadron pour toute la cavalerie et un 7e et 8e aux 4 régiments de chasseurs d'Afrique. La guerre d'Italie a aussi amené la création provisoire du 101e et du 102e de ligne ainsi que d'un régiment de tirailleurs algériens.

L'armée active se compose des troupes de ligne et de la garde impériale. Celle-ci est formée de deux divisions d'infanterie et d'une de cavalerie, comprenant un bataillon de chasseurs à pied, 3 régiments de grenadiers, un de zouaves, 4 de voltigeurs et 6 régiments de cavalerie : carabiniers, cuirassiers, lanciers, dragons, chasseurs et guides; puis de 2 régiments, l'un d'artillerie légère, l'autre d'artillerie montée.

La garde fut formée lors du siége de Sébastopol d'une division d'infanterie; elle s'accrut, depuis cette époque, des régiments qui la composent aujourd'hui, plus d'un régiment de gendarmerie, supprimé l'année passée, ainsi que de 2 compagnies du génie, 2 batteries d'artillerie montée et 2 batteries d'artillerie à pied, également supprimées par décret du 15 novembre 1865.

Le régiment de grenadiers ou de voltigeurs a 3 bataillons de 7 compagnies; le régiment de zouaves, 2 bataillons aussi de 7 compagnies, et le bataillon de chasseurs, 10 compagnies. Chaque régiment de cavalerie est formé de 6 escadrons et chacun des régiments d'artillerie est composé de 6 batteries, ce qui donne 72 canons à la garde.

L'infanterie de l'armée comprend 100 régiments de ligne, 3 de zouaves, 3 de turcos, un régiment étranger, 3 bataillons d'infanterie légère d'Afrique ét 20 bataillons de chasseurs à pied.

L'organisation des régiments de ligne bien qu'ayant subi diverses modifications pendant les dernières guerres, a pour base l'ordonnance du 8 septembre 1841 qui détermine ses cadres constitutifs.

Le régiment compte 3 bataillons de 6 compagnies actives et 2 de dépôt, et si on calcule d'après l'ordonnance du 27 février 1825 qui fixe à 96 hommes le nombre de soldats à incorporer dans une compagnie, le régiment au complet compterait 2,944 hommes dont 2,088 sous-officiers et soldats avec 68 officiers pour les bataillons actifs et 765 hommes avec 23 officiers pour le dépôt. D'après l'ordonnance de 1841, il est deux moyens d'augmenter l'infanterie : l'un en créant une 9e compagnie dans les trois bataillons ; le second en portant les régiments à 4 bataillons de 9 compagnies.

Il y a aussi deux manières de mettre l'infanterie sur le pied de guerre, soit en laissant au dépôt deux compagnies de chacun des trois bataillons, soit en y gardant le 3e bataillon, c'est-à-dire 8 compagnies, tandis que les deux autres bataillons entiers vont en campagne. Le premier système est en usage pour toutes les guerres importantes ; on se sert de l'autre pour les corps qui vont en Afrique.

Avant 1855, il n'y avait que 75 régiments de ligne, les 25 autres s'appelaient infanterie légère.

Les 20 bataillons de chasseurs ont été réorganisés par le décret impérial du 22 novembre 1853. Chaque bataillon est composé de 8 compagnies actives comptant 28 officiers et 960 hommes de troupes, et de 2 compagnies de dépôt ayant 10 officiers et 290 sous-officiers et soldats, ensemble 1,288 hommes. La première compagnie modèle de ce corps fut formée par le comte d'Houtetot en exécution d'une ordonnance du 14 novembre 1838 ; en 1840, le premier bataillon fut constitué sous le nom de tirailleurs de Vincennes. Le duc d'Orléans, qui s'était particulièrement occupé de l'organisation de ce corps, obtint, la même année, que le nombre de bataillons fut porté à dix. A la mort de ce prince, ils prirent le nom de chasseurs d'Orléans qu'ils ont conservé jusqu'en 1848. En 1853, dix nouveaux bataillons furent créés.

Les zouaves dont la réputation de bravoure est si grande, doivent leur nom à une tribu indépendante des Kabyles de la province de Constantine, les *Zouaouas*, qui s'enrôlaient au service des puissances barbaresques. Ce corps, constitué à un bataillon par l'ordonnance du 1er octobre 1830, subit différentes transformations qui lui donnèrent successivement 2, 1 et 3 bataillons jusqu'à ce qu'enfin le le décret du 13 février 1852 en forma trois régiments. A l'origine les zouaves étaient indigènes, mais l'élément français s'y introduisit bientôt pour en exclure complétement les Algériens, pour lesquels fût constitué un corps spécial.

Les 3 régiments de zouaves sont formés chacun de 3 bataillons à 9 compagnies, dont une de dépôt. L'ordonnance du 7 mars 1833 a fixé la force de la compagnie de ce corps à 3 officiers, 6 sous-officiers, 8 caporaux, 104 zouaves, 2 clairons et un enfant de troupe. La partie active du régiment y compris l'état-major, s'élève à 43 officiers et 2,541 sous-officiers et soldats, le dépôt à 12 officiers et 414 hommes de troupe ; donc l'effectif complet est de 3,010 hommes.

Les tirailleurs algériens ou turcos ont été organisés le 30 octobre 1837 sous le nom de tirailleurs de Constantine, et formaient 6 compagnies qui, en 1852, furent transformées en 3 bataillons de tirailleurs indigènes pour devenir, deux ans après, un régiment de tirailleurs algériens. En 1855, à la place de ce régiment, on en créa 3, composés chacun de 3 bataillons à 6 compagnies. Aujourd'hui chaque régiment a 4 bataillons de 7 compagnies et un effectif de 3,500 hommes.

Le régiment étranger se recrute de volontaires nés en dehors des frontières ; il est commandé par des officiers français et a la même organisation que les régiments de ligne.

Les 3 bataillons d'infanterie légère d'Afrique, dits zéphyrs, composés de soldats ayant à subir des peines disciplinaires, comptent 15 compagnies, d'un effectif de 2,500 hommes.

La cavalerie française, au lieu d'être divisée, comme dans tous les autres pays, en cavalerie légère et en grosse cavalerie, est partagée en trois subdivisions : la cavalerie de réserve comprenant les carabiniers et les cuirassiers ; la cavalerie de ligne comprenant les dragons et les lanciers ; la cavalerie légère composée des chasseurs et des hussards.

L'ordonnance de 1841 règle la composition des cadres de ces régiments et elle est uniforme pour tous, mais le nombre de cavaliers est différent, selon l'espèce de cavalerie à laquelle ce régiment appartient ; ainsi un escadron de cuirassiers compte 8 officiers, 171 sous-officiers et soldats et 155 chevaux ; un escadron de lanciers a 181 hommes avec 165 chevaux ; un escadron de chasseurs, 191 hommes avec 175 chevaux. Avant 1834, les régiments avaient tous six escadrons, mais le 6ᵉ fut supprimé à cette époque jusqu'en 1854; alors il fut rétabli. Le décret du 15 novembre 1865 a de nouveau modifié cet état de choses en réduisant à 5 escadrons les régiments de cavalerie de réserve et de cavalerie de ligne. Ce décret a aussi ramené de 14 à 12 le nombre de régiments cuirassés en faisant passer dans la garde les deux régiments de carabiniers réduits en un seul, et en supprimant le 2ᵉ régiment de cuirassiers de la garde.

La cavalerie française se compose actuellement de 10 régiments de cuirassiers, 12 de dragons, 8 de lanciers, 12 de chasseurs, 8 de hussards, 4 de chasseurs d'Afrique et 3 de spahis. En ajoutant à cela les six régiments de la garde et les cent-gardes, on arrive à ce résultat que l'armée française compte 63 régiments et 312 escadrons, environ 50,000 chevaux.

Les chasseurs d'Afrique, formant aujourd'hui 4 régiments de 6 escadrons, ont subi diverses transformations depuis qu'ils ont été organisés. Dès 1830, on songea à créer un corps de cavalerie destiné à servir en Afrique et composé de français et d'indigènes. Appelés d'abord chasseurs algériens, une ordonnance du 17 novembre 1830 en forma deux régiments qui prirent le nom de chasseurs d'Afrique. En 1839, le nombre de régiments fut doublé et dans chacun était compris un ou deux escadrons de spahis. Cette organisation dura jusqu'en 1845, époque de la formation des régiments de spahis qui quittèrent ainsi les chasseurs d'Afrique devenus depuis lors exclusivement français. Pendant la campagne de Crimée, cette cavalerie se distingua d'une manière brillante, et les cadres furent considérablement augmentés, cependant en 1856, le 4e régiment fut licencié; il ne fut reconstitué qu'en 1867.

Les spahis tirent leur nom d'un corps de cavalerie indigène au service du dey d'Alger, qui existait lors de la prise de cette ville par les Français. Dès 1834, un corps pareil fut formé par les envahisseurs et rendit de nombreux services pendant la guerre, aussi une ordonnance du 25 juillet 1845 constitua-t-elle 3 régiments de spahis à 6 escadrons, un pour chaque province. Dans celle d'Alger, chaque escadron devait avoir 180 cavaliers ; dans celle d'Oran 175, et dans celle de Constantine 200. Les cadres d'un régiment comprennent 46 officiers français et 18 indigènes, 185 sous-officiers français et 84 indigènes.

L'artillerie, réorganisée par le décret impérial du 20 février 1860, se compose de 20 régiments, dont 5 d'artillerie de siége (nos 1 à 5), un de pontonniers (no 6), 10 d'artillerie montée (nos 7 à 16) et 4 d'artillerie légère (nos 17 à 20). Les régiments d'artillerie montée ont chacun 12 batteries ainsi que ceux de siége; les régiments d'artillerie légère n'en ont que 8. Il faut ajouter à ce corps 26 batteries de mitrailleuses nouvellement créées.

Le génie comprend 3 régiments formant 6 bataillons et 52 compagnies. Il y a en outre un état-major de génie, composé de 462 officiers et 576 gardes.

On ne doit pas oublier dans l'énumération des forces militaires dont peut se disposer la France, la gendarmerie, la garde de Paris et le régiment des sapeurs-pompiers de cette ville organisé militairement; ces corps ont un effectif d'environ 25,000 hommes qui pourraient être utilisés en cas d'urgente nécessité. Il faut aussi tenir compte des 4 régiments (130 compagnies) d'infanterie de marine ainsi que des 28 batteries d'artillerie de ce corps. Ces 20,000 hommes sont destinés à défendre les colonies et les côtes maritimes, cependant ils sont quelquefois employés concurremment avec l'armée de terre comme au siége de Sébastopol où un régiment d'infanterie de marine ainsi qu'un corps de matelots-artilleurs faisaient partie des troupes assiégeantes. Les forces maritimes proprement dites, officiers, matelots etc., s'élèvent à 50,000 hommes.

La France possède aussi sa landwehr et sa landsturm : la garde nationale mobile et la garde nationale sédentaire. La première comprend 318 bataillons de 8 compagnies d'environ 1600 hommes chacun, plus 123 batteries d'artillerie et 5 compagnies de pontonniers formant un total de plus de 500,000 hommes. La garde nationale sédentaire très-nombreuse est par conséquent très-difficile à évaluer; ses services sont du reste purement locaux.

Sous le rapport territorial, l'empire français a été divisé en sept grands commandements par le décret du 17 août 1859. Le territoire est en outre partagé en 25 divisions et 90 subdivisions.

Le 1er corps à Paris comprend les 1re et 2e divisions à Paris et à Versailles. Le 2e à Lille, les 3e et 4e divisions à Lille et à Châlons. Le 3e à Nancy, les 5e 6e et 7e divisions à Metz, à Strasbourg et Besançon. Le 4e à Lyon, les 8e, 9e, 10e, 17e, 20e et 22e divisions à Lyon, Marseille, Montpellier, Bastia, Clermont et Grenoble. Le 5e à Tours, les 15e, 16e, 18e, 19e et 21e divisions à Nantes, Rennes, Tours, Bourges et Limoges. Le 6e à Toulouse; les 11e 12e, 13e et 14e divisions à Perpignan, Toulouse, Bayonne et Bordeaux. Le 7e à Alger est composé des 3 divisions territoriales d'Afrique, Alger, Oran et Constantine. Les corps d'armée sont commandés par des maréchaux, les divisions par des généraux de division, et les subdivisions par des généraux de brigade.

Les commandants des 1er et 4e corps ont sous leurs ordres des troupes organisées en divisions et brigades actives. L'armée de Paris comprend 3 divisions d'infanterie et une division de cavalerie de 3 brigades; l'armée de Lyon est également formée de 3 divisions d'infanterie et d'une division de cavalerie. En outre la garde impériale également ment formée en divisions obéit à un chef spécial et tient garnison à Paris ainsi que dans les localités voisines.

L'armée française en campagne est placée sous le commandement de l'Empereur ou d'un maréchal ; elle est divisée en plusieurs corps d'armée dirigés par des maréchaux ou des généraux de division. Chaque corps se compose de deux, trois ou quatre divisions d'infanterie et d'une, deux ou trois brigades de cavalerie, plus d'une réserve d'artillerie. La division d'infanterie est formée de deux brigades, c'est-à-dire quatre régiments à trois bataillons et un bataillon de chasseurs, plus une compagnie de génie et deux batteries d'artillerie. La cavalerie est sous les ordres d'un général de division quand elle se compose de plus d'une brigade, et avec elle se trouve une ou deux batteries d'artillerie légère. Lorsque l'armée est considérable, il y a un parc d'artillerie de réserve et un corps de cavalerie formé de deux ou trois divisions.

L'armée du Rhin se compose actuellement de 8 corps d'armée comprenant 26 divisions d'infanterie et 8 divisions de cavalerie, plus 3 divisions de cavalerie de réserve et un parc d'artillerie; en tout 20 bataillons de chasseurs à pied, 104 régiments d'infanterie et 54 régiments de cavalerie.

F I N.